FAIRE SON COMPOST AU JARDIN

EDGAR HUICI

saep

Réalisation : Else
Maquette et couverture : Dazibao
Photos © Le tau ; © Saep : page 23

ISBN 978-2-7372-5504-5

Sommaire

BIEN RECYCLER LES DÉCHETS AU JARDIN

Un jardin génère une quantité impressionnante de déchets. Avec un brin d'organisation et un peu d'espace, il vous sera possible de les transformer en une véritable matière première riche et tonifiante, un humus idéal qui revitalisera vos plantes tout en permettant des économies non négligeables sur votre budget jardinage. Ainsi, au lieu d'acheter dans le commerce compost et autres terreaux fertilisants, pensez à récupérer les tontes, les tailles de haies, les plantes indésirables et les fanes de fleurs afin de réaliser votre propre compost dans un coin du jardin. Ce faisant, vous participerez très activement à la nécessaire aventure du développement durable en apportant votre contribution citoyenne. En effet, il est évident que les déchets compostables représentent une part considérable des déchets du jardin, sans compter certains déchets de cuisine et de maison qui pourront sans hésitation finir dans le bac. Il ne vous reste donc plus qu'à vous équiper du composteur de votre choix et à lui trouver l'emplacement idéal dans votre jardin.

LE COMPOST, C'EST QUOI ?

Solution écologique et économique pour fertiliser vos sols, le compost est un engrais naturel issu de la décomposition de déchets organiques en présence d'oxygène et d'eau et par action des micro-organismes.

Fabuleux engrais 100 % naturel, le compost favorise la vie des sols en renforçant leur teneur en humus. Il suffit de peu de choses pour produire un engrais de qualité. Ainsi en triant vos déchets de cuisine, de jardin et de maison, vous aurez en main tous les ingrédients nécessaires à la fabrication de cet engrais fertile qui, dans un respect total de l'environnement, apportera les substances nécessaires au bon développement de vos cultures.

En ce qui concerne le mode de compostage, vous pouvez opter pour le tas ou le bac, en fonction de vos besoins et du temps d'entretien que vous pourrez lui apporter. Fabriquer son compost est un geste écologique car en recyclant, il permet de limiter le volume des ordures ménagères traitées collectivement par incinération notamment, mais il est également synonyme d'économie car il peut aisément se substituer aux fertilisants synthétiques que l'on trouve généralement dans le commerce.

ORGANIQUE OU MINÉRAL

Les matières organiques constituant le compost proviennent essentiellement des déchets végétaux et animaux, à l'instar des activateurs qui contribuent à faire démarrer le processus de décomposition (purin d'ortie, corne, sang, plumes, etc.) qui mènera à la production de ce prodigieux engrais organique. À la différence des engrais minéraux, les engrais organiques doivent être minéralisés avant d'être absorbés par les racines des plantes. Si le compost organique est plus lent à agir, il ne déséquilibre pas la structure du sol. Il améliore même considérablement sa fertilité et sa teneur en humus.

RÉUSSIR UN BON COMPOST

BON À SAVOIR
L'ajout en faibles quantités d'algues ou de cendres équilibrera votre compost et l'enrichira en oligo-éléments.

Si la transformation des matières organiques se fait suivant un processus naturel, le compost nécessite néanmoins une attention particulière.

Si vous pratiquez le compostage « en tas », il sera sans doute nécessaire pour obtenir un bon compost d'installer une cheminée d'aération centrale. Utilisez un tuyau en plastique perforé. En hiver, couvrez le tas pour éviter des pertes en azote.

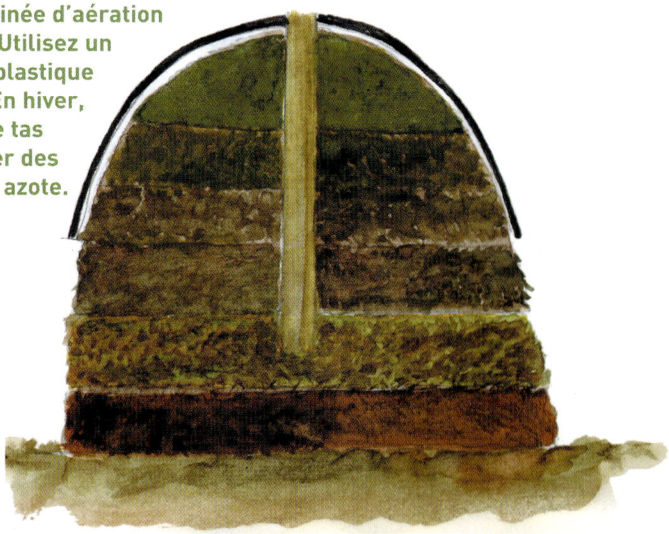

Pour réaliser un compost de qualité, il faudra avant tout respecter trois règles d'or : bien mélanger les différentes catégories de déchets entre elles, aérer et brasser la matière, surveiller l'humidité.

Mélanger

Après avoir déterminé l'endroit où vous installerez le compost, retournez le sol et disposez une couche de brindilles d'environ 20 cm d'épaisseur ou un drain en plastique placé à la base du tas pour favoriser l'aération. Une fois le sol préparé, mélangez entre elles les différentes catégories de déchets qui devront être finement broyés ou pilés pour se décomposer plus rapidement.

Aérer

Pour optimiser l'aération et éviter que les matières ne pourrissent, il est recommandé de brasser régulièrement le tas, voire de le ventiler en réalisant une cheminée centrale qui favorisera la circulation de l'air au cœur.
Le brassage des matières est une étape fondamentale dans la fabrication du compost. Il permet non seulement de maîtriser les odeurs nauséabondes mais aussi d'obtenir une décomposition homogène de toutes les zones du tas.

Une terre bien retournée et une épaisse couche de brindilles favorisent le processus de décomposition.

Surveiller l'humidité

L'humidité est un facteur déterminant dans la réussite d'un compost. Si l'excès d'humidité empêche l'aération, ralentissant alors la décomposition des matières et provoquant l'apparition de mauvaises odeurs, le manque d'eau stoppe le processus. Il est donc primordial de contrôler l'évaporation en coiffant le tas d'une couche de terre, de feuilles mortes, de paille ou d'une toile de jute.
Inversement, votre tas peut manquer d'humidité. En effet, les couches supérieures peuvent avoir subi un assèchement dû au climat. En brassant très régulièrement les déchets, vous parviendrez à rééquilibrer le taux d'humidité dans l'ensemble du tas. Si cette technique s'avère inefficace, il est conseillé d'arroser le tas.

BON À SAVOIR
Selon son degré de maturité, le compost sera utilisé en paillage au pied des arbres, en amendement dans la terre ou en support de culture.

Si vous constatez que le compost a tendance à pourrir, aérez-le. Bêchez le sol, puis disposez le tas sur une palette en bois pour permettre une légère circulation d'air.

LA FAÇON DE PROCÉDER

Idéalement, vous stockerez à part les différentes matières à composter afin de réaliser votre tas en une seule fois.

Pour dissimuler le compost et atténuer d'éventuelles mauvaises odeurs, plantez quelques arbustes persistants en prenant soin de prévoir un passage suffisamment confortable pour une brouette.

Il vous faudra définir deux espaces pour votre compost, l'un servira à entreposer les déchets à composter, l'autre au compostage à proprement parler. Cependant, cette technique nécessitant un volume important de déchets, le compostage individuel est fréquemment réalisé en un seul tas où les déchets sont disposés en couches successives nécessitant un brassage régulier.

Le tas, facilement accessible et manipulable, permet de composter d'importants volumes de déchets organiques. En outre, il nécessite un entretien moindre. Toutefois, si l'on est sensible à l'esthétique de son jardin, il est également possible d'opter pour un composteur dont le principal avantage est qu'il protège les matières des agressions extérieures (intempéries, animaux, etc.)

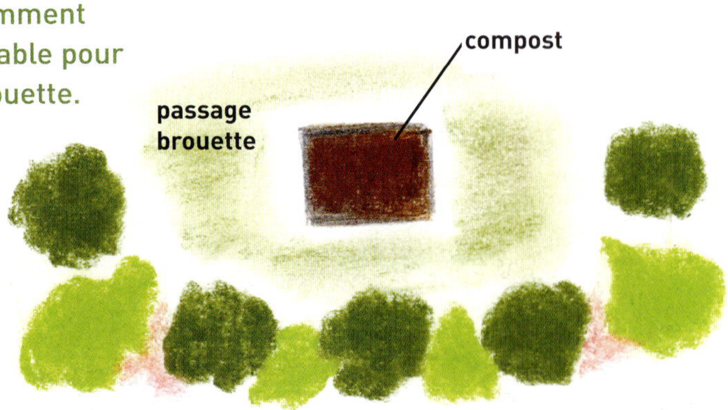

Où placer le compost ?

Plusieurs facteurs doivent déterminer le choix de l'emplacement de votre compost. Il doit être facilement accessible, dans un endroit caché, parfaitement drainé, abrité du vent et semi-ombragé.

En installant le tas à même le sol, vous favoriserez sa colonisation par les vers et les insectes. En aucun cas il ne faut l'installer dans une cuvette car l'accumulation d'eau à la base conduirait à son pourrissement.

Collecter les végétaux

Épluchures, fruits et légumes, coquilles d'œufs, essuie-tout, tailles de haies... Presque tous les déchets de jardin, de cuisine et de maison pourront venir alimenter votre tas de compost.

En outre, le mélange entre eux de certains déchets vous permettra d'améliorer considérablement la qualité de votre engrais naturel. Veillez toutefois à réduire au maximum la taille des débris pour une décomposition plus rapide et un mélange homogène des matières organiques.
Ainsi, mélangez les déchets carbonés (brindilles, écorces, feuilles mortes, herbes sèches, carton...) aux déchets azotés (déchets de cuisine, tontes de gazon...) et les déchets humides (gazon, fruits, épluchures...) aux déchets secs (branches, papier, sciure, paille...). Enfin, les déchets grossiers (branches, tailles...) devront être bras-

LES BROYEURS ÉLECTRIQUES

Un broyeur, un jardin... vous avez toutes les clés en main pour fabriquer un compost de qualité. Grâce à votre broyeur, vous pourrez réduire le volume des feuilles, branches, branchages récupérés dans votre jardin pour fabriquer votre engrais naturel.
Les matières débitées en petits morceaux se prêteront volontiers au compostage voire à une utilisation en paillage pour conserver l'humidité du sol et limiter la pousse des mauvaises herbes. Préférez un broyeur silencieux qui n'importunera pas le voisinage et dont les caractéristiques techniques permettront de broyer menu des branches dont le diamètre atteint 3 cm.

DES SACS QUI FINISSENT... DANS LE BAC À COMPOST

Après l'été vient l'automne et l'incontournable ramassage des feuilles, tontes et autres déchets végétaux. Pour ceux qui ne sont pas équipés en brouette, il existe actuellement des sacs plastiques de 80 et 130 litres « spécial jardin » et surtout, 100 % biodégradables.
À base de fécule de pomme de terre, ces sacs étanches et résistants pourront finir sans hésitation dans le bac à compost.

sés avec les déchets fins (coquilles d'œufs pilées, sachets de thé, tonte de gazons...).

Ce qu'on y met, ce qu'on n'y met pas

La plupart des déchets organiques sont compostables. On les regroupe généralement sous trois catégories :

- les déchets de cuisine (épluchures, marc de café, croûtes de fromage, etc.)

Utilisez les fougères sèches ou un compost riche en fougères pour pailler les plantes de terre de bruyère.

Les orties fournissent un compost très fertile.

- les déchets de jardin (tontes de gazon, feuilles mortes, etc.)
- les déchets de maison (mouchoirs en papier, cendres de bois, etc.)

Certains déchets, tels que les plastiques et les tissus synthétiques, le verre, les métaux, les bois traités chimiquement, les plantes malades, les produits laitiers, les excréments d'animaux domestiques, les mauvaises herbes montées en graines sont à proscrire de votre mélange.

Restez vigilants, de nombreux légumes, les pommes de terre par exemple, ont souvent reçu des traitements chimiques ralentissant la germination ou la décomposition ; leurs épluchures ne doivent pas être compostées.

COMPOSTABLE OU PAS ?

OUI	NON
À la cuisine : épluchures, fruits et légumes en morceaux, marc de café et filtres, sachets de thé, restes de repas d'origine végétale, coquilles d'œufs pilées.	**À la cuisine :** pelures d'agrumes (pamplemousse, orange, citron), os et arêtes, noyaux, coques de noix et de noisettes, restes de viandes et de poisson, coquilles d'huîtres et de moules.
Dans la maison : fleurs fanées, sciure et copeaux de bois, cendres de bois refroidies, essuie-tout, serviettes et mouchoirs en papier.	**Dans la maison :** excréments d'animaux domestiques, litières souillées, poussières d'aspirateur, balayures, produits chimiques, gravats, plâtre, cigarettes, charbon de barbecue, huile de friture.
Au jardin : tontes de pelouse, tailles de haies, feuilles mortes, mauvaises herbes, fleurs et plantes fanées, fanes de légumes, fruits, fumier, plantes activatrices ou équilibrantes (ortie, consoude, fougère, sureau, tanaisie, achillée, prêle, camomille, pissenlit, valériane, etc.)	**Au jardin :** déchets de jardin traités chimiquement, déchets végétaux trop grossiers (si le diamètre des branches excède 2 à 3 cm, il faut impérativement les broyer), plantes malades, terre, gravier, sable, cailloux, mauvaises herbes montées en graines.

LES TYPES DE COMPOSTEURS

Tous les goûts sont dans la nature en matière de compostage. Tas, treillis métalliques, bacs en bois ou en plastique, silos tressés…

Plusieurs choix s'offrent à vous pour composter vos déchets et s'il est possible de se procurer des bacs dans les quincailleries, jardineries voire dans certains supermarchés, les collectivités locales sont de plus en plus souvent en mesure d'en prêter.

Tas

Cette méthode consiste à disposer les déchets en un tas d'une hauteur de 0,8 à 1,5 m, à même le sol. Facilement accessible et manipulable, il permet de composter de gros volumes de déchets et nécessite peu d'entretien. L'arrosage est effectué par les pluies périodiques, l'aération naturelle permet une bonne ventilation et l'évaporation spontanée limite l'excès d'eau. Il faudra malgré tout maîtriser l'humidité du tas qui ne doit être ni trop élevée, ni trop faible en le coiffant d'une couverture de terre ou de feuilles mortes. Outre son manque d'esthétisme, l'inconvénient du tas est qu'il est constamment exposé aux aléas climatiques qui peuvent ralentir la formation du compost et qu'il est à la portée des animaux. On extrait le compost mûr : les couches inférieures du tas que l'on tamise pour séparer le compost des morceaux qui ne sont pas totalement décomposés.

Treillis métallique

Le treillis métallique consiste en un grillage disposé autour du tas de compost. Plus esthétique que le simple tas, il permet également une décomposition plus rapide en maintenant agglomérées les matières à composter. Il assure ainsi une décomposition homogène pour l'ensemble de la masse. En outre, il a l'avantage de protéger le tas des animaux attirés par les vers ou les restes de nourriture. Il nécessite en revanche un entretien plus fréquent que le compost en tas et doit être brassé régulièrement pour assurer l'aération des matières organiques. L'extraction du compost mûr est réalisée par la base, un tamisage est nécessaire.

Bac plastique

Le composteur en plastique se présente sous la forme d'un bac percé dont les orifices favorisent la bonne aération des matières organiques. Ils existent avec ou sans fond.
Préférez un bac sans fond si vous comptez l'installer au jardin afin de favoriser la colonisation par les vers. Il nécessite en revanche un entretien régulier, notamment pour le brassage des matières, et l'humidité doit faire l'objet d'une surveillance particulière car le compost ne doit être ni trop humide, ni trop sec. Tout en protégeant le tas des aléas climatiques, le bac en plastique assure une chaleur très constante et permet d'obtenir une décomposition plus rapide.
Assurez-vous que votre bac possède une ouverture suffisante à la base pour permettre l'extraction du compost mûr.

Lombricomposteur

Ce bac, spécialement conçu pour la culture des vers, est percé à sa base pour favoriser le drainage. Il possède aussi une ouverture sur le couvercle pour permettre une bonne circulation de l'air.
Pour recréer un milieu favorable à la prolifération des vers, le fond du bac doit être tapissé d'une litière végétale ou d'un compost organique. Ce mode de compostage se caractérise par le peu d'entretien qu'il nécessite ; il suffit d'alimenter les vers avec les restes de nourriture à n'importe quel moment de la journée. Il convient parfaitement à une utilisation en ville, sur un balcon ou une terrasse.
Surveillez l'humidité, car l'excès ou le manque d'eau peut nuire au développement des vers.

Les orifices favorisent la bonne aération des matières organiques

Bac en bois

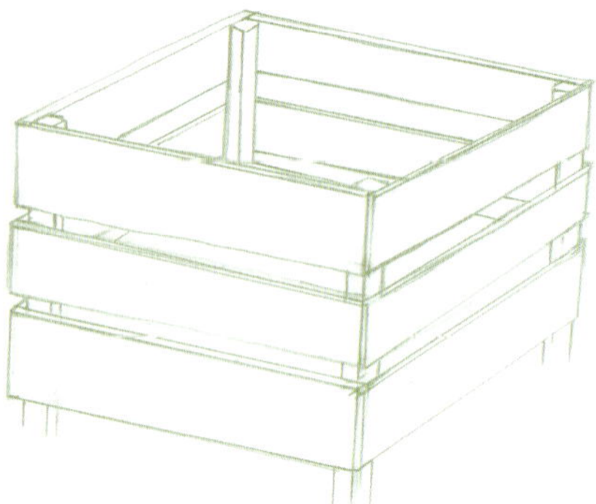

Plus esthétique que le tas ou le treillis métallique, le bac en bois se compose de plusieurs planches espacées de 1 à 2 cm, favorisant ainsi l'aération. Pour optimiser son entretien, le compost doit être facilement manipulable et accessible. C'est pourquoi la plupart de ces bacs sont équipés d'une porte ou d'une face amovible qui permettent de brasser le mélange ou d'ajouter facilement de la matière. Grâce à la chaleur produite dans ce milieu fermé, le compost se décomposera plus rapidement et fournira une matière de qualité homogène. En outre, en le protégeant des variations climatiques avec un couvercle ou une toile de jute par exemple, vous maîtriserez mieux son humidité et par conséquent pourrez prévenir le pourrissement des matières.
Toutefois, le compost devra être brassé régulièrement car il bénéficiera d'une aération naturelle moindre. L'inconvénient de ce type de composteur est qu'il ne permet pas de composter de grands volumes de matière. Par ailleurs, votre bac devra être muni d'une ouverture suffisamment grande à sa base pour extraire facilement le compost mûr.

PRÊTS COLLECTIVITÉS

Le « plan national de soutien au compostage domestique », récemment exposé par la ministre de l'écologie Nelly Olin, prévoit d'équiper chaque année 100 000 foyers en conteneurs destinés à accueillir les déchets organiques. Les collectivités territoriales seront alors en mesure de prêter des bacs aux particuliers qui désirent recycler leurs déchets de cuisine, de maison mais aussi de jardin. Rappelons que la moitié des déchets que nous produisons sont recyclables.

1 OU 2 BACS ?

Le compostage en bac est certes plus esthétique, mais contrairement au tas, il ne permet de composter que de petites quantités de déchets. Pour les foyers qui génèrent un volume important de déchets organiques, le bac unique montre vite ses limites. L'alternative est donc d'opter pour deux bacs, ce qui a en outre l'avantage de procéder par rotation des matières : tandis que le premier bac reçoit pêle-mêle les déchets mis à composter, le second contient des déchets à un stade différent de décomposition. Le composteur à compartiments multiples peut être une autre alternative.

QUESTIONS/ RÉPONSES

De quelle quantité de matières organiques dois-je disposer pour démarrer mon compost ?

Le jardin produit un volume important de déchets. Ainsi, en démarrant votre compost au printemps, vous accumulerez suffisamment de matières organiques (tontes, mauvaises herbes, etc.) pour réaliser votre tas qui doit au minimum mesurer 0,8 m de hauteur. Si vous manquez de matière, pensez également à récupérer les déchets de cuisine et de maison en attendant l'automne et sa quantité importante de déchets bruns que vous pourrez alors collecter.

Mon compost est trop humide/trop sec. Comment y remédier ?

Pour commencer, procédez à un nouveau brassage des matières, en effet, il est possible que le taux d'humidité soit différent au centre et à l'extérieur du tas. Si le brassage ne s'avère pas efficace, rajoutez de la terre ou des feuilles mortes pour un compost trop humide et arrosez un compost trop sec.

Mon compost dégage de mauvaises odeurs. Quelle en est la cause ? Comment y remédier ?

Votre compost est probablement trop humide et vous ne l'avez pas suffisamment brassé. Incorporez un peu de terre sèche dans la matière et brassez le mélange. Pour favoriser l'aération, réalisez une cheminée d'air au cœur du tas. Protégez votre compost en le coiffant d'une couverture de feuilles mortes. N'oubliez pas que les trois règles d'or pour réussir un compost de qualité sont un brassage régulier des matières, une bonne aération et un taux d'humidité qui doit se situer aux alentours de 50 à 60 %.

Comment savoir si mon compost est mûr ?

Un compost mûr doit dégager une agréable odeur de terre, il doit être de structure grumeleuse et les matières organiques d'origine ne doivent plus être identifiables.

Quand et comment puis-je utiliser mon compost ?

La durée de décomposition des matières dépend du mode de compostage que vous avez choisi. Si vous avez opté pour le compostage en tas, il faudra attendre 9 à 12 mois pour obtenir un compost mûr que vous pourrez utiliser en amendement naturel incorporé au sol. Avant maturité, il peut être utilisé en paillage au pied des arbres et entre les cultures, ou en support de culture mélangé à un terreau pour les rempotages ou les jardinières. Le composteur réduit considérablement le temps de décomposition. Il faudra compter environ 6 mois pour obtenir un compost mûr.

COMMENT ÇA MARCHE ?

Le processus de décomposition repose sur la transformation des matières organiques par les macro-organismes (lombrics, cloportes, mille-pattes, etc.) et les micro-organismes (bactéries, champignons, actinomycètes, etc.).

Quand le compost est mûr, on ne distingue plus la matière originelle.

En se nourrissant des matières constituant le compost, ces micro-organismes vont provoquer une activité telle qu'elle conduira à une élévation de la température qui atteindra parfois 60 °C au cœur du tas. Au cours de cette phase, l'aération est primordiale car la circulation d'air permet non seulement de stimuler l'activité déjà intense des micro-organismes mais également de juguler les mauvaises odeurs, d'où la nécessité de brasser et mélanger les déchets organiques. La température redescend ensuite, permettant ainsi la colonisation d'hôtes plus imposants : les macro-organismes. Lombrics, cloportes, mille-pattes, etc. vont se nourrir à leur tour des matières organiques composant le tas. En outre, le lombric va stimuler le processus en creusant des galeries dans le sol, participant alors au mélange de ses structures et par conséquent à l'aération et au drainage naturels.

Dotés d'un système digestif incroyablement riche en faune bactérienne, les lombrics rejettent sous forme de tortillons des turricules (déchets organiques non digérés) qui favorisent l'activité microbiologique du sol en l'enrichissant et en agglomérant ses éléments, créant ainsi le milieu idéal à l'élaboration d'un compost mûr.

Les quatre saisons du compostage

Le printemps, propice au recyclage des déchets verts du jardin, est la saison idéale pour démarrer son compost. La douceur des températures favorise la prolifération des micro-organismes dans le tas et les chaudes températures estivales viendront renforcer leur activité, très intense en début de processus. À l'automne, c'est l'occasion de récupérer les déchets bruns du jardin et de les incorporer à votre tas. Peu à peu, l'hiver approchant, les basses températures s'installent et ralentissent l'activité au cœur du tas. La température y reste constante (20 °C environ) et le taux d'oxygène ne varie pas. C'est pourquoi il est déconseillé de démarrer un compost en hiver car le processus de décomposition mettra beaucoup plus de temps à se mettre en marche. Au sortir de l'hiver, il faudra surveiller l'humidité et l'aération en réalisant par exemple des cheminées verticales au cœur du tas. Un cycle de douze mois est passé, et votre compost est prêt pour la reprise végétative du printemps. Il se conservera un an au maximum.

LES DÉCOMPOSEURS

La dégradation des matières organiques, végétales et animales se fait par l'intermédiaire de micro et macro-organismes (champignons, bactéries, mille-pattes, acariens, cloportes, vers de terre...) : les décomposeurs. En présence d'humidité, de chaleur et d'oxygène, ces organismes prolifèrent et se nourrissent des constituants de la matière organique dans laquelle ils se développent. La transformation des déchets aboutit alors au compost.

LA BONNE CONSISTANCE

Pour vérifier l'humidité d'un compost en formation, prenez une poignée de matière au creux de vos mains et pressez-la. Si quelques gouttes perlent entre vos doigts et que le matériau ne s'effrite pas, le compost a un bon taux d'humidité. Si un fin filet d'eau s'en échappe, il est alors trop mouillé, aérez-le. Enfin, si rien ne coule et que le paquet s'émiette, le compost est probablement trop sec, il faut l'arroser.

LA BONNE TEMPÉRATURE

Pour vérifier l'humidité d'un compost jeune de deux ou trois jours, plantez une tige ou un tuyau en métal dans le compost (jusqu'au cœur si possible) pendant 10 à 15 minutes, puis retirez l'objet. S'il est chaud et humide, le compost est suffisamment humide et la fermentation se déroule correctement. S'il est froid et humide, les matières sont probablement trop mouillées. S'il est chaud et sec, votre compost manque probablement d'eau.

Inodore

L'apparition d'une mauvaise odeur indique que le tas fermente et manque d'oxygène. Brassez-le tous les trois jours jusqu'à disparition de l'odeur, puis tous les quinze jours ensuite. Il est également conseillé de le recouvrir d'une couche de feuilles mortes ou de terre.

UNE AFFAIRE D'ÉQUILIBRE

Un compost de qualité dépendra du taux d'humidité du tas, de son aération et du rapport carbone/azote des différentes matières organiques.

L'humidité, dont le taux doit se situer aux alentours de 50 à 60 %, est essentiellement apportée par les composés azotés et l'arrosage. Si l'eau est nécessaire au développement des micro-organismes, il faudra cependant veiller à ce que le compost ne soit pas trop humide car cela risque de ralentir le processus de fermentation et de favoriser l'apparition de mauvaises odeurs. Le manque d'eau ralentira quant à lui la décomposition des matières organiques. Ainsi, il est recommandé de mélanger des matériaux humides et secs. En outre, l'élévation de la température dans le tas provoque un phénomène d'évaporation qu'il faudra surveiller et rectifier si nécessaire par un arrosage à base d'eaux de pluie récupérées.

Il est fondamental de surveiller l'aération du compost. En effet, si une aération idéale est synonyme du bon déroulement de la décomposition, une mauvaise aération entraînera quant à elle des odeurs fort désagréables. Il est donc recommandé de retourner régulièrement le tas. La fermentation s'en trouvera optimisée, le processus de décomposition reprendra et la température augmentera de nouveau.

Enfin, l'équilibre des apports en azote et en carbone est un élément clé pour améliorer la qualité de votre compost. Le rapport carbone/azote idéal est de 20-30, ou une à deux parts de matière azotée pour une part de matière carbonée. Les matières carbonées concernent principalement les déchets bruns durs et secs comme les branches, les feuilles mortes, la paille, les branches broyées, le papier, le carton. Les matières azotées regroupent quant à elles les déchets verts, mous et mouillés tels qu'épluchures de fruits, restes de légumes et tontes de gazon.

Utiliser les activateurs

En principe, l'usage d'activateurs n'est pas nécessaire pour réaliser un bon compost. On peut cependant y avoir recours dans certains cas, notamment pour faire démarrer le processus de décomposition lorsque la quantité de matière première est insuffisante ou encore pour rééquilibrer un compost dans sa composition carbone/azote.
Ainsi, vous pouvez introduire dans votre tas du compost mûr voire les refus de tamisage qui stimuleront la décomposition, notamment en début d'activité. Des activateurs dynamiques tels que le purin d'ortie ou de consoude – dont les propriétés naturelles accélèrent la décomposition des déchets organiques en dynamisant l'activité microbienne – stimuleront considérablement le processus. Ainsi, lorsque vous retournerez votre tas de compost, pensez, si besoin est à l'arroser d'activateur.
L'introduction de plantes comme le pissenlit, la fougère, le pois de senteur, l'achillée ou la luzerne activeront également votre compost tandis que la terre de jardin ou le fumier, riches en décomposeurs, réchauffera le tas en lui apportant de nouveaux organismes bien utiles.
Il existe également dans le commerce des activateurs chimiques tels que la poudre de sang séché, très riche en azote, ou la poudre d'os, grande source de phosphore, qui contribueront à activer le processus de décomposition. Quelques poignées de cendre sur le tas de compost permettront de neutraliser l'acidité provoquée par la fermentation. En revanche, l'utilisation de produits de synthèse est fortement déconseillée car ils peuvent détruire ou interférer avec les bactéries qui décomposent les déchets alimentaires.
Attention toutefois, depuis l'adoption de la loi d'orientation agricole du 5 janvier 2006 tout produit naturel, transformé ou non, pouvant apporter une aide sanitaire ou productive à l'exploitation de cycles biologiques, est interdit dans sa détention, son utilisation, sa commercialisation, ou simplement sa promotion, s'il n'est préalablement pourvu d'une autorisation de mise sur le marché.

INFUSION DE TERRE DE JARDIN OU FUMIER D'ÉTABLE ?

Pour activer votre compost, vous pouvez opter pour l'une de ces deux solutions 100 % naturelles. La première consiste à laisser infuser de la terre de jardin dans de l'eau pendant une heure jusqu'à obtenir un liquide dont la couleur sera proche de celle du thé. Arrosez ensuite votre tas de compost avec la préparation ainsi obtenue. Quant au fumier d'étable, quelques poignées sur le tas suffiront à faire démarrer le processus de compostage.

PAILLAGE ET MULCHING

La technique du paillage contribue à protéger vos sols en luttant contre la pousse des mauvaises herbes et en limitant l'évaporation d'eau qu'il contient.

Ce procédé consiste à étaler autour des pieds d'arbre ou entre les cultures un compost jeune (3 à 8 mois) en prenant soin de laisser circuler l'air et l'eau. Le paillage s'effectue idéalement fin avril/début mai, après le désherbage. En poursuivant sa décomposition, le compost dynamisera votre sol en lui apportant les éléments nutritifs nécessaires au bon développement de vos cultures, notamment les fruits et légumes rampants au potager.

Le mulching consiste quant à lui à laisser retomber au sol l'herbe finement broyée après la tonte de la pelouse. L'idéal est de posséder une tondeuse-mulcheuse qui hache l'herbe plusieurs fois en particules très fines qui se déposent ensuite entre les brins de pelouse sans compromettre la circulation de l'air. En se décomposant, l'herbe hachée apporte des éléments fertilisants au gazon. Le mulching assure une meilleure résistance à la sécheresse en été et réduirait l'apport d'engrais de 25 %.

Quand il pleut, la terre laissée nue durcit en surface. Couvrez-la d'un paillis de feuilles pour maintenir sa souplesse.

LE LOMBRI-COMPOSTAGE

Ce mode de compostage consiste à élaborer un compost en cultivant des vers qui se développeront dans un environnement favorable.

Pour créer ce milieu idéal, le bac devra être tapissé d'une litière végétale, parfaitement aéré, protégé des températures extrêmes. En outre, l'humidité devra faire l'objet d'une surveillance particulière.

Les vers utilisés sont généralement des vers rouges de Californie ou des vers de fumier qui consomment un volume phénoménal de déchets. Après s'être copieusement nourris des matières constituant la masse, les vers rejettent des déchets sous forme de tortillons, les turricules, qui enrichissent considérablement le sol. En outre, en creusant des galeries, ils favorisent l'aération et le drainage naturels du tas.

Ces vers prolifèrent à une vitesse incroyable : un ver adulte peut produire 2 à 3 cocons par semaine. Au bout de 3 semaines, le cocon produit 1 à 4 vermisseaux qui mettront entre 1 et 6 mois pour devenir adultes et commenceront alors à se reproduire.

La croissance de la population de vers dépend principalement des conditions dans lesquelles elle se trouve. Ainsi, à 10 °C, un cocon mettra 6 mois pour devenir adulte et seulement 2 mois à 25 °C. La densité influe également, une densité de 25 vers par litre assure la meilleure fertilité. Dans de bonnes conditions, une population de vers peut doubler chaque jour.

Le ver de fumier se nourrit de matière fraîche en décomposition, il mange plus ou moins son poids par jour, cette quantité fluctue avec les conditions de vie (notamment la température, le bruit, la luminosité). Il mange quasiment toutes les matières végétales à condition qu'elles ne soient pas trop dures. Dans un compost, il aime particulièrement : les légumes, les fruits, le marc de café, les sachets de thé. Il mange également le papier et le carton mais ces matériaux contiennent souvent des métaux lourds (dans les encres notamment) ou de la colle (dans le carton). Il n'aime pas les produits animaux (viande, poisson, œufs, produits laitiers...).

Le compost produit par lombricompostage est riche et dégage une agréable odeur d'humus. Cette méthode permet d'obtenir du compost assez rapidement, en général en deux ou trois mois, et se prête idéalement au compostage en « appartement », sur un balcon ou une terrasse.

Certains fabricants proposent des kits de compostage « vivant » qui contiennent un composteur en plastique 100 % recyclé, environ 1 000 vers de terre et un kit de démarrage. Composé d'une brique faite d'un mélange de fibres de lin et de chanvre, de calcaire (chaux) concassé pour rétablir un bon ph neutre et de 6 litres de nourriture spéciale pour vers de terre afin de les aider à démarrer le processus de compostage, ce kit réunit toutes les conditions pour vous aider à commencer avec succès votre lombricompostage.

Les lombrics sont dotés d'un système digestif très riche en faune bactérienne. Ils rejettent des turricules (déchets organiques non digérés) sous forme de tortillons qui favorisent l'activité microbiologique du sol en l'enrichissant et en agglomérant ses éléments, créant ainsi le milieu idéal à l'élaboration d'un compost mûr.

FABRIQUER UN TREILLIS MÉTALLIQUE

Que vous misiez sur l'aspect pratique ou sur l'esthétique du composteur, vous avez toutes les chances de trouver le bac de votre choix dans le commerce. Mais pourquoi ne pas le fabriquer vous-même ?

Le treillis métallique cylindrique est probablement le plus simple à réaliser. Pour le concevoir, vous aurez besoin d'un treillis métallique d'un mètre de haut, de quatre piquets et d'un grand morceau de feutre de jardin imputrescible.

Plantez les piquets dans la terre selon le diamètre que vous souhaitez donner à votre tas, disposez le treillis en cylindre autour des piquets, fixez-le sur chaque piquet avec des cavaliers. Laissez la dernière partie libre, vous assemblerez les deux bords à l'aide d'une corde ou d'une ficelle tressée. Sur la face interne du treillis, disposez le feutre de jardin qui devra largement recouvrir les bords grillagés avant d'être refermé sur le compost.

Repliez le feutre sur la matière et placez une brique sur le dessus pour vous assurer du bon confinement. Cette technique vous permettra de conserver la chaleur et l'humidité du tas.

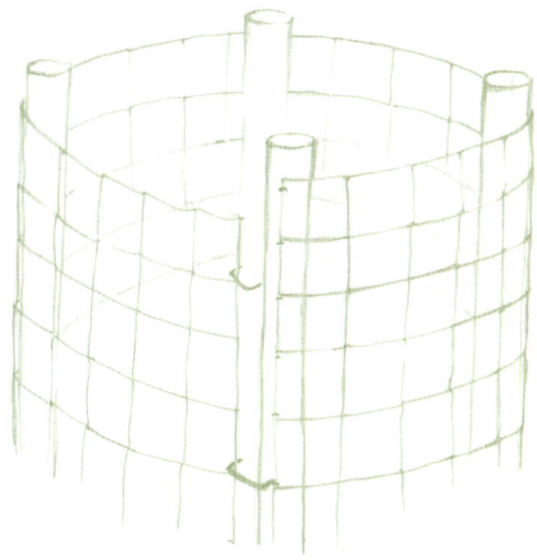

FABRIQUER UN COMPOSTEUR EN LATTES DE BOIS

Plus élaboré que le treillis métallique, le composteur en lattes de bois reste malgré tout relativement simple à réaliser.

Commencez par déterminer l'emplacement du compost. Pour un compost à deux bacs, prévoyez un rectangle de 60 cm sur 1 m 20.

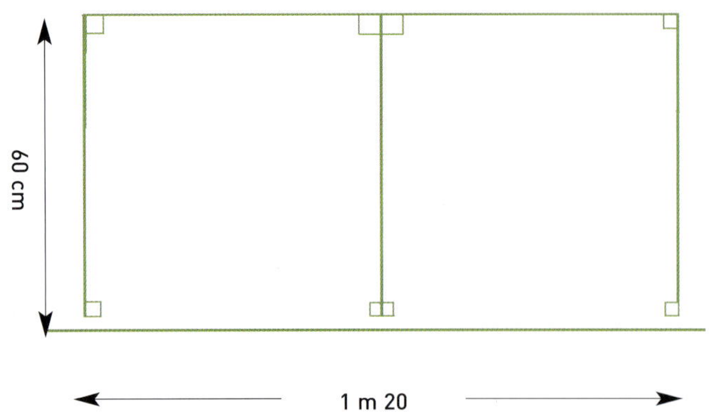

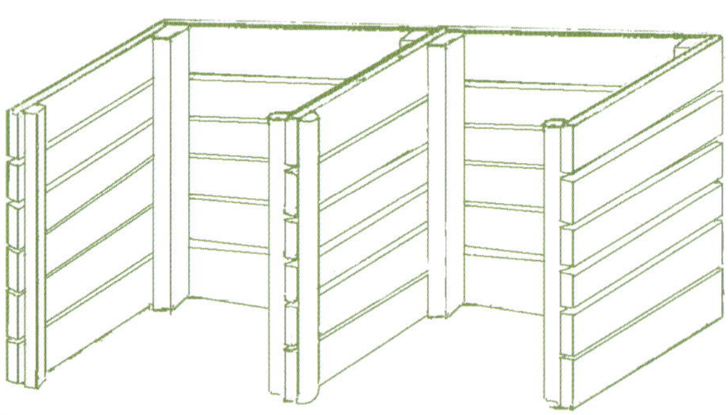

Commencez par planter les piquets dans le sol. Bêchez légèrement le sol puis disposer un treillis. Fixez ensuite les planches en les espaçant de 2 à 3 cm. L'absence de fond favorisera la colonisation par les vers. Laissez un des côtés ouverts.

COMPOST MOBILE

Une fois votre bac installé, vous aurez rarement l'occasion – ni la possibilité – de le déplacer, surtout si vous pratiquez la technique de la rotation qui implique que l'un des bacs est toujours plein.
La solution est de vous équiper d'un composteur mobile et modulable, dont la fabrication est déconcertante de simplicité. Il suffit de construire autant de cadres à trois faces montés sur quatre pieds, et de répéter ce modèle à l'infini. Ainsi, dès qu'un bac est vide, rien ne vous empêche de le déménager au fond du jardin.

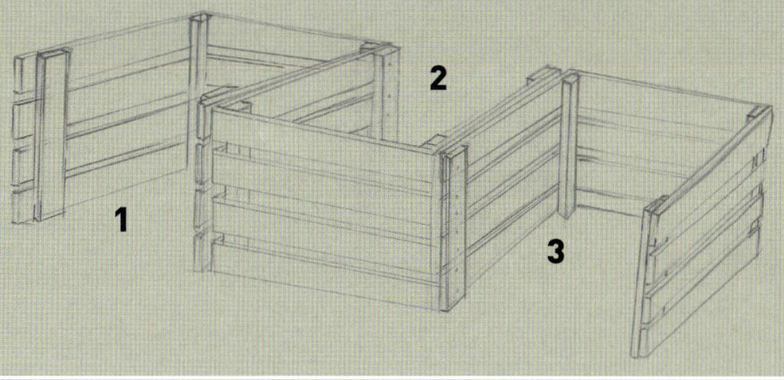

RÉUTILISER LES PALETTES DE CHANTIER

Pour fabriquer un bac à compost, récupérez des palettes de chantier, assemblez-les sur trois côtés en prenant soin de placer la face supérieure vers l'intérieur du bac. Vous pouvez également prévoir une face amovible. La touche finale consistera à appliquer une couche de lasure (attention, elle ne doit contenir aucun composant toxique). Assurez-vous que le bois n'a subi aucun traitement chimique, cela pourrait écourter la vie des auxiliaires du compostage : les décomposeurs.

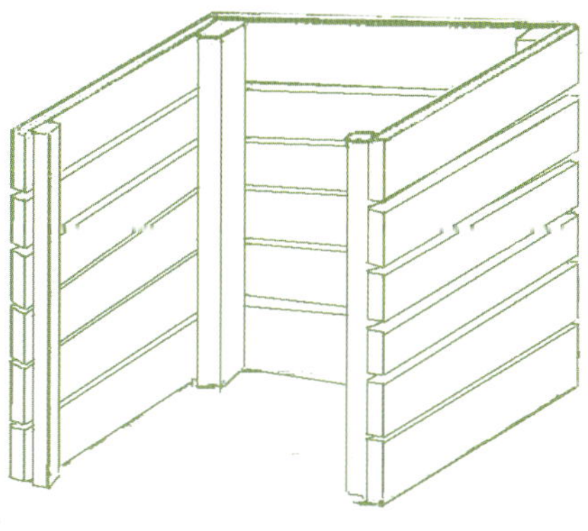

Si vous manquez de place, optez pour un seul bac. Sur le même principe, construisez une caisse sans fond dont vous laisserez une face libre.

Une face amovible sur l'avant du bac facilitera considérablement les étapes de brassage du compost. De la même façon, espacez les planches de 2 à 3 cm.

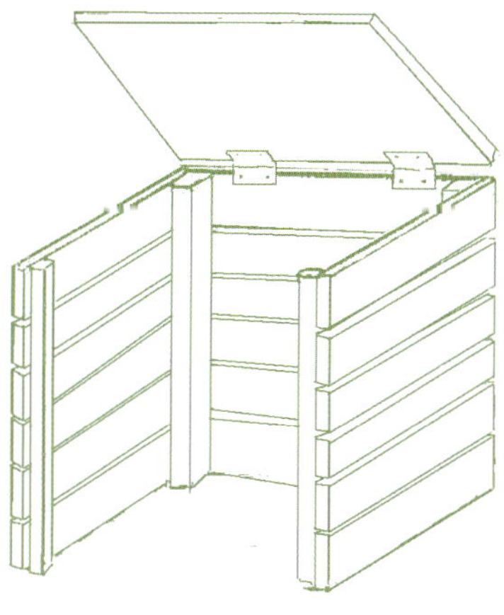

Un couvercle, permettra de mettre le compost à l'abri des intempéries et des visiteurs indésirables. Prévoyez deux charnières solides.

FABRIQUER UN SILO TRESSÉ

Le fin du fin en matière de composteur est probablement le silo tressé dont le style végétal ajoutera une touche de vert au jardin en automne ou en hiver.

Sa fabrication est plus complexe, mais vous trouverez ici toutes les astuces pour réussir votre silo. Dans un premier temps, tracez un cercle dont le diamètre correspondra à celui du tas que vous souhaitez réaliser – idéalement 1,2 m – puis plantez des piquets tous les 25 cm environ.

Les piquets devront dépasser d'au moins 1 m du sol, vérifiez que leur hauteur est bien régulière. Des piquets en pin non traité d'un diamètre de 5 à 6 cm seront parfaits pour la réalisation de votre silo.

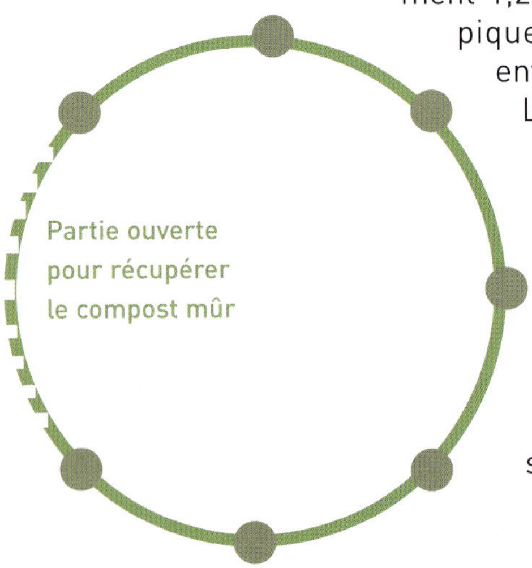

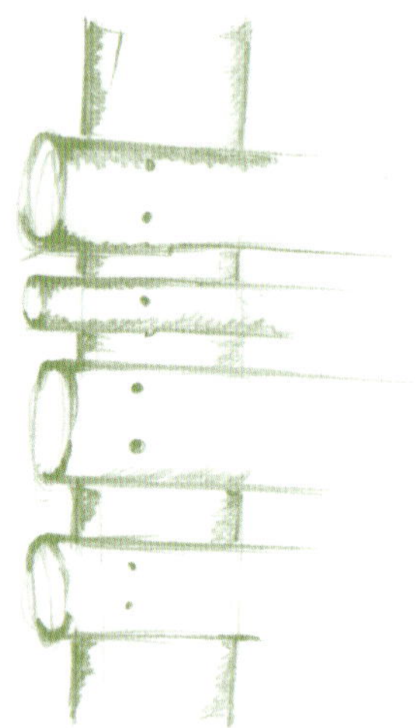

Commencez par le bas. À chaque nouveau rang, assujettissez les rameaux sur le piquet à l'aide d'un clou.

LES BONS MATÉRIAUX

Pour les piquets, privilégiez des matériaux écologiques comme l'acacia ou le châtaignier qui sont de plus naturellement résistants à l'humidité et durables. Il est également possible d'opter pour le pin du Nord vendu dans la plupart des jardineries ou le fer à béton torsadé qui a l'avantage d'être indestructible et réutilisable, mais très difficile à couper.
Pour les rameaux qui serviront au tressage, vous avez le choix entre des perches ou échalas de châtaignier ou, pour favoriser le recyclage, les branches issues de la taille des arbres, le noisetier ou les sarments de vigne. Enfin, pour tapisser l'intérieur du compost, vous pouvez utiliser un feutre de jardin imputrescible voire une épaisse couche de papier ou de carton que vous pourrez ajouter à votre compost après utilisation.

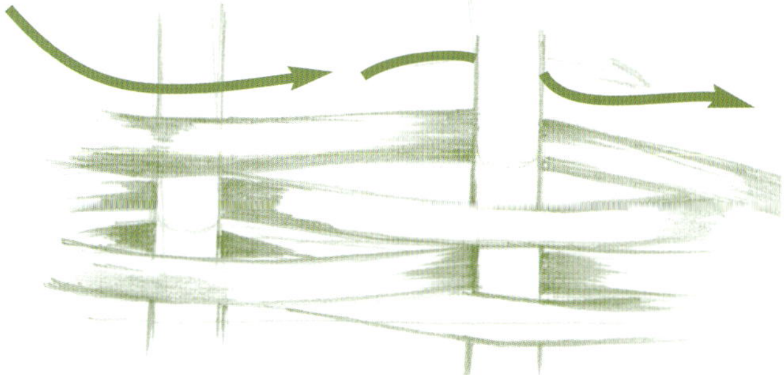

Tressez les rameaux de part et d'autre des piquets. Une fois les parois dressées, disposez sur les parois du silo un feutre de jardin imputrescible, ceci évitera que la matière ne s'échappe à travers la paroi.

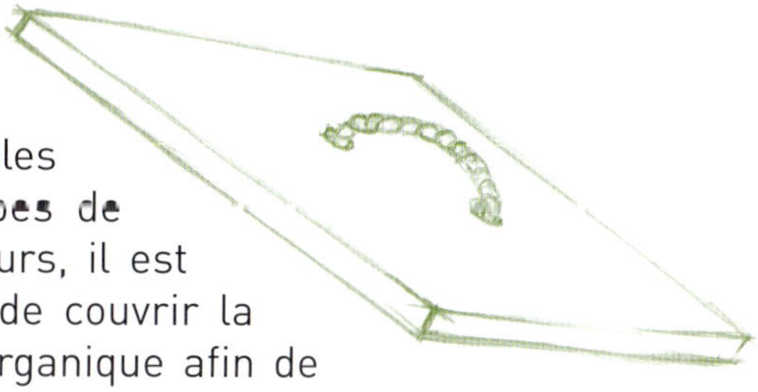

Comme pour tous les autres types de composteurs, il est conseillé de couvrir la matière organique afin de conserver l'humidité et de stimuler la décomposition. Taillez un panneau de bois aux dimensions du silo, auquel vous pouvez éventuellement ajouter une poignée en glissant dans un trou que vous aurez préalablement percé une corde nouée à chaque extrémité.

UTILISER LE COMPOST

Selon son degré de maturité, un compost se prêtera à différentes utilisations.

Un compost jeune (3 à 8 mois), pas encore décomposé, sera utilisé en paillage au pied des arbres ou entre les cultures. Il continuera à se décomposer progressivement, cependant, il faudra attendre plusieurs mois avant de l'incorporer au sol.
Un compost intermédiaire (6 à 10 mois), partiellement décomposé, apportera les nutriments nécessaires à certaines cultures comme la tomate ou un gazon manquant de vigueur. Il peut être incorporé à la terre par un léger bêchage.
Un compost mûr (plus de 9 à 12 mois) constituera un amendement naturel idéal pour nourrir la terre. Étalez-le en couches plus ou moins épaisses (1 à 5 litres par m^2) puis incorporez-le superficiellement au sol par binage sur 5 à 15 cm de profondeur.
Le compost mûr, mélangé à de la terre ou à du terreau, peut également servir de support de culture dont l'utilisation s'étendra à vos semis, rempotages ou jardinières. Un compost ne se conserve pas au-delà d'une année car en séchant et en se minéralisant, il perd peu à peu ses propriétés actives.

Quels sols, quelles plantes ?

Si la maturité de la matière organique détermine l'utilisation du compost, certains types de sols ou de plantes nécessitent toutefois un compost plus ou moins jeune. Ainsi, un compost jeune donnera de l'impulsion à un sol pauvre et sableux en augmentant l'apport en micro-organismes. Il s'agit alors d'étaler le compost en surface et de griffer superficiellement le sol, de préférence en automne. On peut également épandre ce compost jeune au pied des plantes vivaces à la même période.
Pour les sols argileux et compacts,

TAMISER LE COMPOST

Le tamisage contribue à affiner le compost pour une meilleure utilisation. Disposer le compost sur le tamis à l'aide d'une pelle vous permettra de séparer les morceaux décomposés des morceaux grossiers.

Les refus de tamisage

On appelle refus de tamisage les éléments les plus grossiers qui ne sont pas passés au travers du tamis. Vous pourrez ensuite utiliser les refus de tamisage en paillage au pied des arbres ou entre les cultures, ou les recycler dans le tas de compost.
Bon à savoir : les refus de tamisage aident à redémarrer le compostage et à améliorer le rapport carbone/azote.

CONSTRUIRE UN TAMIS À COMPOST

Pour construire un tamis à compost, il vous suffit de réaliser un cadre en bois à la dimension de la brouette. Les montants doivent dépasser d'environ 10 cm de tous les côtés. Ajoutez des petites cales aux quatre coins qui le stabiliseront.
Clouez sur ce cadre un treillis métallique à mailles carrées Vous n'aurez plus qu'à y déposer le compost et le remuer avec le dos d'une bêche fourche : le compost fin passera au travers des mailles pour finir dans la brouette.
Quant au rebut, il retournera sur le tas de compost.

Des mailles d'environ deux centimètres conviennent pour ce type de tamis.

l'apport d'un compost mûr sera préférable. En effet, ce concentré de substances fertilisantes convient parfaitement aux plantations sensibles. En outre, il est excellent au printemps pour assainir et fertiliser la terre servant au semis de légumes.
Son utilisation peut être associée à la préparation d'un terreau mêlé à de la terre qui, disposé dans le puits de plantation, stimulera la pousse des arbres et des arbustes. Enfin, l'apport de ce compost mûr en automne favorisera la bonne reprise végétative de la pelouse au printemps suivant.

Les effets sur le sol

Le compost améliore considérablement la structure du sol. En effet, en augmentant sa teneur en matière organique, il entraîne la formation d'agrégats plus gros et plus stables qui optimisent la pénétration des racines et permettent une meilleure exploitation du sol. Sa porosité favorise l'assimilation des nutriments. L'apport de compost assure en outre une plus grande perméabilité à l'air et à l'eau, et en agissant comme une éponge, favorise la rétention d'eau, contribuant au drainage du sol et à une meilleure circulation de l'oxygène.
Il permet également d'améliorer l'hygiène du sol en prévenant la prolifération des organismes nuisibles tels que les cochenilles ou les doryphores.
Enfin, en retenant les minéraux naturellement présents dans le sol, il réduit largement le phénomène d'érosion et assure une plus grande résistance à la sécheresse.

Utiliser le compost au potager

Contrairement aux autres fertilisants naturels qui impliquent de respecter une posologie assez stricte, il n'y a pas de limite à l'utilisation du compost. Puisqu'il dynamisera considérable-

ment la structure de vos sols, il est même conseillé de l'employer généreusement. Étalez-le en couches plus ou moins épaisses et incorporez-le dans les 5 à 10 premiers centimètres du sol par griffage/binage.

QU'EST-CE QUE LE TERREAUTAGE ?

Le terreautage consiste à étaler sur le sol une couche mince de compost mûr destiné à réchauffer le terrain. Sa couleur plus foncée absorbe rapidement la chaleur solaire, fertilise le sol tout en lui assurant une plus grande fraîcheur. On terreaute couramment les semis de légumes mais aussi, en automne, les planches de fraisiers ou d'autres végétaux au repos. Dans ce cas, il s'agit plutôt de fertiliser et de rechausser les pieds qui tendent à sortir de terre.

Un compost jeune répandu en hiver continuera lentement sa décomposition et protégera votre sol de la pousse de mauvaises plantes.

Un compost mûr constituera au printemps un remarquable amendement naturel. En effet, son apport réactivera la structure de vos sols et vous n'aurez même plus à bêcher votre potager.

Vous pouvez également l'utiliser en paillage au pied des légumes à fruits (où seuls les fruits sont récoltés et consommés, par exemple les tomates). En revanche, utilisez-le en terreau mélangé à de la terre pour les autres plantations qui risqueraient de ne pas supporter l'apport trop riche d'un compost mûr.

Utiliser le compost au jardin

Au jardin, un compost mûr contribuera à améliorer considérablement le semis de pelouse. Étalez-le en couches plus ou moins épaisses et incorporez-le aux 10 à 15 premiers centimètres du sol par binage. Cette opération nécessite 8 à 10 kg de compost par mètre carré de terre.

Les bons gestes

Arbres et arbustes Lors de la plantation d'arbres et d'arbustes, il vous faudra préparer un terreau à base de terre de jardin et comprenant 20 % de compost. Introduisez votre préparation

dans le puits de plantation et disposez vos plants.
Pour les arbustes jeunes ou associés à des vivaces, un terreautage tous les deux ans suffit en général.
Pour protéger vos plantes, vous pouvez également épandre une couche de compost en paillis sans l'incorporer au sol, en se décomposant il produira un peu d'humus, de plus il ralentira la venue de mauvaises herbes.

Azalées À l'automne, déposez au pied des jeunes plantes une couche de 5 cm de compost bien mûr, riche en feuilles mortes et en écorce (il est préférable d'éviter les tontes). Ces plantes de terre de bruyère apprécient les sols légers et se contentent souvent d'un paillage qui suffit à maintenir la bonne humidité.

Bulbes d'été Ils demandent une fertilisation en profondeur. Enfouissez le compost mûr à la bêche sur 20 cm de profondeur.

Hortensias Tout comme les azalées et les rhododendrons, les hortensias se satisferont d'une couche de 5 cm de compost bien mûr riche en feuilles mortes et en écorce (il est préférable d'éviter les tontes). Comme ils recherchent la fraîcheur, paillez-les avec un compost bien décomposé.

Plantes annuelles Une fertilisation de surface suffit. À l'automne, déposez sur la terre nue une couche de 3 cm de compost bien mûr. Enfouissez-le superficiellement par binage.

Plantes vivaces En règle générale les plantes vivaces ne sont pas trop exigeantes. Les plantes à feuillage caduc déjà bien installées se contenteront d'une couche de compost bien mûr étalée à leur pied, tous les trois ans, à l'automne.

Rosiers Les variétés remontantes apprécient le compost bien mûr. Tous les ans, à l'automne, récompensez-les et déposez une pelletée de compost au

pied de chaque rosier. Les rosiers lianes, dont les racines sont plus profondes et plus vigoureuses, ne nécessitent pas cet apport.

Utiliser le compost pour les jardinières

Conseil : Arrosez généreusement votre plante avant le rempotage et utilisez un pot plus grand.

Pour améliorer la qualité des plantations en jardinières, l'idéal est de préparer un terreau à base de compost mûr.

Pour une première plantation, étalez au fond de votre jardinière un terreau à base de terre de jardin et contenant 40 % de compost.

Pour le rempotage, introduisez 20 à 30 % de compost dans le terreau d'origine. Le printemps est le moment idéal pour planter et rempoter les plantes en jardinière car c'est à cette saison que reprend la croissance des plants.

Pour améliorer la qualité de vos cultures, vous pouvez préparer un terreau à base de compost mûr. Selon qu'il s'agit d'une première plantation ou d'un rempotage, vous introduirez plus ou moins de compost.

- Pour une première plantation, étalez au fond de votre jardinière un terreau à base de terre de jardin et contenant 40 % de compost.
- Pour le rempotage, introduisez 20 à 30 % de compost dans le terreau d'origine.

LE THÉ DE COMPOST

En prélevant de la matière dans votre compost, vous pourrez également préparer un thé de compost qui, pulvérisé sur vos plantes, leur apportera des éléments nutritifs qui stimuleront leur croissance. Pour réaliser votre thé de compost, mélangez 1/3 de compost à 2/3 d'eau puis laissez infuser jusqu'à obtenir un liquide dont la couleur sera proche de celle du thé.

LES AUTRES FERTILISANTS NATURELS

D'autres fertilisants naturels permettent de dynamiser vos sols et vos plantes.

Le jus de plume, l'ortie et la corne torréfiées sont ainsi d'excellents fertilisants, à l'instar de la moutarde ou de l'épinard qui contribuent à améliorer considérablement la structure du sol.
Le sang séché, naturellement riche en azote stimulera la croissance des arbres et des fruitiers. Ces fertilisants naturels seront décomposés lentement par les micro-organismes présents dans le sol et serviront à alimenter les plantes. Ils doivent être introduits de préférence à l'automne pour un traitement de fond, ils commenceront alors leur lente décomposition et agiront dès le retour du printemps, la chaleur aidant. Cependant, depuis la promulgation de la loi d'orientation agricole du 5 janvier 2006, ces engrais naturels sont uniquement disponibles dans le commerce.

À côté des engrais de synthèse vendus dans le commerce et dont l'utilisation est déconseillée en raison de leur forte teneur en nitrates, il existe différents engrais naturels dont l'association contribuera à dynamiser vos sols et plantations. Ils répondent à la classification NPK qui indique leur teneur en azote (N), en phosphore (P) et en potassium (K).
L'apport en azote est principalement constitué par les engrais organiques qui améliorent considérablement la qualité du sol en stimulant l'activité des micro-organismes. Ces matières organiques, qui seront décomposées lentement par les micro-organismes présents dans le sol, constitueront un fertilisant idéal pour vos cultures. Introduits de préférence à l'automne

pour un traitement de fond, ils commenceront alors leur lente décomposition et agiront dès le retour du printemps, la chaleur aidant. De manière générale, il convient d'utiliser un engrais à libération lente qui ne représentera pas un apport trop violent pour vos cultures.

La poudre de corne torréfiée et la farine de sabots sont recommandées pour la plantation d'asperges, de vignes, d'arbres ou de massifs.

La poudre de sang séché constitue quant à elle un remarquable fertilisant qui stimule la croissance des arbres et des fruitiers. Disposez au fond du puits de plantation un terreau à base de poudre de sang séché (environ 50 g pour au moins 10 litres de terre). Mélangez ensuite la terre et ajoutez un peu d'eau pour l'humidifier avant d'introduire votre plant. Au potager, la poudre de sang séché incorporée au sol par léger binage favorise également le développement des cultures. Comptez 100 g de poudre par mètre carré.

La poudre d'os, à raison de 20 à 40 g par mètre carré, constituera un parfait amendement pour la pelouse.

La farine de plume (10 g par mètre carrée) sera idéale pour les cultures longues (tomates, courges, etc.).

Si vos cultures ont souffert de stress, provoqué par exemple par un froid tardif, l'apport de guano d'oiseaux sauvages contribuera à les faire redémarrer grâce à la libération rapide de son azote. Enfin, le tourteau de ricin permettra non seulement de dynamiser vos cultures mais il éloignera également les nuisibles. En revanche, ce fertilisant doit impérativement être enfoui dans les 10 à 15 premiers centimètres du sol en raison de sa toxicité en cas d'ingestion.

L'apport en phosphore est principalement constitué par l'introduction de phosphate naturel ou de farines d'arêtes de poisson (une poignée environ par mètre carré) qui conviennent parfaitement aux sols arides et peu calcaires. La vinasse de betterave ou de canne à sucre apportera quant à elle le potassium nécessaire au bon développement de vos cultures.

Des engrais minéraux tels que la chaux dolomitique, la magnésie ou la poudre de basalte enrichiront vos sols en magnésium et en calcium tandis que les engrais marins (algues vertes séchées, etc.) constitueront un apport idéal en oligo-éléments.

Ces engrais de fond doivent être épandus entre novembre et février puis introduits au sol par un léger griffage. Les engrais organiques peuvent également être ajoutés au compost pour stimuler la décomposition. ■

Dépôt légal 1er Trimestre 2007 - n° 3284
Imprimé en U.E.